Ma Mère,
L'Amour Époustouflant

ISBN: 9798583617081
38 rue de France 6730 Tintigny, Belgique.
eteindrelesautres@gmail.com
Dépôt légal : décembre 2020
Imprimé à la demande par Amazon

Germe BOSOLO

Ma Mère, L'Amour Époustouflant

Du même auteur

Éteindre les autres pour rester Seul dans la Lumière (2020)

1ʳᵉ partie

COLONNE DE FEU

L'amour est patient, il est plein de bonté; l'amour n'est pas envieux; l'amour ne se vante pas, il ne s'enfle pas d'orgueil, il ne fait rien de malhonnête, il ne cherche pas son intérêt, il ne s'irrite pas, il ne soupçonne pas le mal

Prologue

La pudeur de ma culture veut que les mots d'amour envers nos Mères soient taiseux et peu nombreux. Aujourd'hui, mon cœur se révolte et refuse de les garder captifs et muets, alors :

Mon silence assourdissant est mon cri,
Mes souvenirs ahurissants mes écrits.

Maman, je t'aime! C'est bien plus que des sentiments, c'est un symbole.

Ce récit dramatique dans ses contours est un condensé des correspondances oubliées et non envoyées à ma Mère Cécile Suami à Kinshasa. Il relate l'amour d'une Mère et la souffrance d'un fils parti en exil en Europe.

Porté par la mélancolie de mon enfance et par l'incertitude de mon avenir, j'ai posé les jalons à cœur ouvert de ma relation fusionnelle avec ma Mère.

Je suis tellement reconnaissant de tous les sacrifices qu'elle a endurés afin de mener à bien le cocon familial pour nous nourrir, nous vêtir, nous éduquer et surtout nous chérir malgré les vicissitudes. Et ce, dans une atmosphère d'amour abondant et de quiétude ruisselante.

Aucune censure n'a filtré mes propos et aucune retenue n'a égaré mon esprit. En outre, j'exprime mon admiration sans limites à la bravoure de la Femme en général et à celles qui composent ma vie en particulier, à savoir : ma Tante Pétronille Malundama et ma très chère Compagne.

D'un amour profond et inconditionnel, je suis une couvade de longue durée car ma Mère est mon tout, ma faim, mon appétit et ma satiété.

Contre vents et marées, lorsqu'il s'agit de ma Mère, je brûle quel que soit le feu qui m'enflamme. Pour la cause de la Femme, je suis partial quel que soit le jugement et quel que soit le verdict qui la condamnent.

Aujourd'hui, mon navire s'est échoué sur les côtes solitaires de la vie d'adulte. Et pourtant mon voyage avait très bien commencé, emporté par les courants marins d'une enfance choyée et heureuse où ma Mère était mon seul gouvernail.

Je pensais avoir trouvé la vérité dans la science et la folie dans les voyages. La seule vérité que j'aie palpée jusqu'ici, c'est ton regard. Car dans celui-ci, mon amour se réveille enfin de tous ses couchers de soleil éteints et de toutes ses folies envolées.

Depuis peu, à cause de cette situation, j'ai un mal de tête chronique. Le médecin m'a certes prescrit des antidépresseurs, mais je reste persuadé que mon ordonnance est la patience et mes cachets ton amour.

Ton cœur est mon pays de naissance, mon jardin secret et ma Terre promise. Ton amour est ma seule civilisation et c'est pour cette raison que loin de toi, je me sens perdu, en définitive je ne sais plus qui je suis.

Ce récit, je l'ai conçu tard, dans mes insomnies. En croyant que la nuit allait me porter conseil, mais c'est en douce auprès de mes cauchemars qu'elle me calomnie.

Aujourd'hui j'ai décidé de commencer une nouvelle vie mais avant, j'aimerais enterrer une fois pour toutes ce complexe d'Œdipe qui caractérise encore ma vie d'adulte bernée dans la peau d'un enfant de cinq ans. Sur ce, Maman, je te prie de bien vouloir lire toutes ces correspondances non envoyées car elles étaient enfouies dans mes pensées les plus profondes.

« Qu'est-ce qu'une pensée qui n'aurait pas de cœur. Et qu'est-ce qu'un cœur qui ne serait pas éclairé au soleil de la pensée ? »

Sur la couverture de ce récit, ton visage ne porte aucun trait, parce que j'aurais souhaité que chacun y rajoute le portrait de sa Mère, car votre amour est universel, il nourrit toutes les nations.

Dites-vous, ma petite maman, que vous avez peuplé ma vie de douceur comme personne n'aurait pu le faire. Et que vous êtes le plus « rafraîchissant » des souvenirs, celui qui éveille le plus en moi.

L'exactitude est la politesse des rois mais l'amour est l'exactitude des Mères

Dans la nuit paisible du 23 octobre 1987 à Kinshasa (République Démocratique du Congo), d'un ciel limpide illuminé par les astres étoilés et d'une lune bienveillante, naquit un fils, Germe Bosolo, d'une Femme glorieuse, Maman Cécile Suami.

Je suis venu sur terre dans les bras de la Femme la plus majestueuse et la plus coriace au monde. À mon humble avis, c'est ce que tout enfant reconnaissant devrait dire à sa Mère. Même si les paroles ne peuvent contenir toute l'étendue de ton amour comprimé en moi, je le dis, de toutes mes forces, je t'aime Maman.

Les kilomètres qui séparent Kinshasa de Bruxelles ne t'empêchent pourtant pas de m'appeler tous les 23 octobre à 21h45 depuis mon arrivée en Belgique en 2010, pour me souhaiter un joyeux anniversaire.
Ton amour pour ton fils est tellement exact que tu te souviens, même après 33 ans, de l'heure précise à laquelle tu m'as donné la vie.

À chaque rude épreuve, à chaque fois que j'ai voulu chanceler, tu n'as eu de cesse de me rappeler combien ma vie est précieuse. Mais les délices de cette vie peuvent parfois se transformer en amertume car devenir un homme fait vraiment chialer.

Ton amour a façonné l'enfant que j'étais hier et ta force a érigé l'homme solide que je suis aujourd'hui. Tu nous as aimés, ma grande sœur, mes deux petits frères et moi, d'un amour époustouflant, d'un amour poésie.

Je suis devenu un homme loin de toi, cependant tu n'as jamais été inquiète pour mon avenir. Car tu sais que je suis ta plus belle graine et que je germerai à tous égards quel que soit l'environnement, grâce à l'irrigation de tes valeurs architecturales et harmonieuses. D'où tu m'as appelé : Germe.

Tu lui diras alors : « Écoute ce que déclare le Seigneur des armées célestes : Voici un homme dont le nom est Germe, et sous ses pas, tout germera. Il bâtira le Temple de l'Éternel. C'est lui qui bâtira le Temple de l'Éternel.
Il sera revêtu de majesté royale, et il siégera sur son trône pour gouverner. Il sera aussi prêtre sur son trône. Il y aura une pleine harmonie entre les deux fonctions[1].

On reconnaît l'arbre à ses fruits mais avant d'en arriver là, il faut que la semence trouve une bonne terre pour son épanouissement.
Je sais que je suis une belle semence, mais est-ce que la Belgique est une terre fertile pour moi ?

---

[1]Origine de mon prénom Germe, *Bible* : Zacharie 6 :12-13

Maman Cécile, Femme douce, Femme loyale, Femme de valeur, Femme Héroïne. Qu'est-ce que j'aimerais te combler d'or et enfin te bâtir un château au visage de l'amour et à la tendresse de ta voix. On n'y mangerait rien d'autre que ta délicieuse cuisine confectionnée par tes mains de Femme travailleuse et indépendante. Mais comme je n'ai pas encore cette fortune pour te permettre de reposer ton dos calciné par le soleil rageur de Kinshasa, je te prie de bien vouloir recevoir, en guise d'un infini merci, ce récit de louanges à la beauté de la Femme que tu es. C'est un vent venu des tréfonds de l'univers qui me souffle d'honorer chaque parcelle de ta vie.

« *Celui qui éduque une Femme éduque toute une nation*[2] ».

« La merveille d'une maison, ce n'est point qu'elle vous abrite ou vous réchauffe, ni qu'on en possède les murs, mais bien qu'elle ait déposé en nous, lentement, ces provisions de douceur; qu'elle forme, dans le fond du cœur, ce massif obscur d'où naissent, comme des eaux de source, les songes. »

Je me rends de plus en plus compte de combien j'ai la chance d'avoir été éduqué par une Femme à la grandeur d'une nation.

L'amour d'une Femme pour son fils est bien plus profond que le mot « je t'aime ». Cet amour maternel n'a pas de prix, ni de couleur, encore moins d'ethnie mais elle a une saveur : celle de transformer une vie ordinaire en une vie savoureuse et exceptionnelle. C'est pour cette raison que je souhaiterais, dans mes faibles mots, poétiser votre bonté.

Je savoure la vie malgré les péripéties et les humiliations de cette société, je vis exceptionnellement sous la grâce divine. Ton esprit pieux, ta patience, ton calme et ta quiétude absolue dans chaque situation sont des éléments qui me rappellent que tant qu'il y a la vie, il y a de l'espoir et

---

2 Proverbe africain

que je verrai encore de belles choses naître et mille existences s'éployer.

Tu avais quatre bouches à nourrir, quatre petites têtes à éduquer et à instruire. À y voir de près, ce n'est pas une mince affaire. Tous les jours tu te levais à 4 heures du matin pour commencer ta journée.

Femme débrouillarde et entrepreneuse, tu n'as jamais laissé la pauvreté nous surprendre. Tu t'es battue pour que nous ayons du pain tous les jours. Même si ce n'était pas suffisant pour remplir le ventre du vilain petit ogre que j'étais. Mais c'était largement assez pour me donner des forces afin d'affronter mes journées. Nous n'avions qu'un repas par jour et aujourd'hui encore, j'ai gardé cette habitude de ne manger qu'une fois en une journée sans jamais prendre de petit-déjeuner.

Femme, ta vulnérabilité n'est pas une tare, elle donne de l'authenticité à ton histoire. Elle est parfois le refuge de nos futurs espoirs.

« Dites-vous bien que de toutes les tendresses, la vôtre est la plus précieuse et que l'on revient dans vos bras aux minutes lourdes. Et que l'on a besoin de vous, comme un petit enfant, souvent. Et que vous êtes un grand réservoir de paix et que votre image rassure[3]... »

---

[3]Albert Cohen

Ton amour est comme un arbre qui porte en lui les fruits de l'éternité

Je ne te voyais jamais le matin quand tu quittais la maison pour aller travailler, j'étais encore dans les bras de Morphée.

Tes journées marathon sans fin dans le seul but de nous nourrir, tu les achevais avec une tonne de poussière morflée.

Après l'école, je n'étais jamais certain de trouver un plat chaud qui m'attendait à table mais j'avais une certitude : retrouver ton calme et ta paix profonde dans les sentiers qui mènent dans ton cœur bluffé.

Le nombre de fois où j'ai été expulsé de l'école pour non paiement des frais, j'aurais pu baisser les bras et traîner dans le quartier. Plutôt que de choisir la facilité, j'ai choisi d'honorer tes efforts en devenant un exemple pour toute la famille, d'où ce n'est pas la coke mais le savoir que j'ai sniffé.

Maman, tu m'as donné la vie, je ne mourrai plus, je vivrai et je raconterai tes contes à mes enfants, tes petits-enfants qui sont tes fées.

Une Femme qui porte en elle les fruits de l'éternité, vaut mieux qu'une belle histoire stéréotypée de Disney et je suis persuadé qu'ils vont tous kiffer.

Dès l'aube, lorsqu'il m'arrive de broyer du noir, il suffit d'un simple appel téléphonique de ta part pour que mon âme ne soit plus noire comme ma tasse de café.

Le Seigneur est mon salut, c'est au travers de ton amour que je l'ai lu. Je ne suis pas né dans le chagrin, cet organe que la société m'a greffé.

Tu t'es oubliée pour nous servir à temps plein, nos habits ne portaient aucune marque mais sur les étiquettes on pouvait lire : « c'est mon fils, c'est mon prince » qui y était agrafé.

Je conserve une douce tendresse pour tout ce qui est advenu et un amour sans borne pour ce qui est. Je continue de grandir et cela n'a pas de fin : grandir. « Voilà que tu cherches ton bien, dans les vitrines de ma nuit, achète-moi, je ne vaux rien, puisque l'amour n'a pas de prix ». En échange de tous tes sacrifices non tarifés.

Mon chagrin

Malgré mes absences répétées à l'école, j'ai été souvent premier de classe.

Je n'ai jamais été dans le rouge, mes bulletins étaient toujours peints de bleu, la couleur de la noblesse.

Même si je n'avais aucune collation pendant les pauses de midi, je n'ai jamais rien mendié, outre le savoir, à mes condisciples qui avaient bien plus que de l'argent de poche, ils avaient des liasses.
Mon savoir, je te le dois bien : sans tes sacrifices d'Héroïne, aurais-je en ce jour cette richesse qui est ma sagesse ?

Du haut de tes soixante ans, ta jeunesse est encore palpable et ta rigueur au travail est toujours aussi manifeste.

Je ne veux plus que tu sois plus qu'usée par ce travail de dur labeur, je souhaite que tu profites dès maintenant d'une retraite céleste.

Je voudrais bien prendre soin de toi comme tu l'as fait avec nous et bien plus encore. Mais ici en Belgique, malgré mes diplômes, je n'ai pas encore bâti une carrière digne qui me garantisse un revenu constant et régulier. Il y a plusieurs barrières qui se dressent devant moi, à savoir : la barrière linguistique, outre le français et les trois langues du Congo (lingala, swahili et kikongo) que je parle affectueusement, ici seul le français et un peu plus le néerlandais comptent vraiment. Je ne suis pas assez bilingue pour espérer gravir les échelons dans une entreprise. Il y a également la barrière administrative, je suis arrivé ici comme étudiant et j'ai toujours ce statut qui me colle comme une migraine. Les entreprises préfèrent donc ne pas engager les étudiants étrangers.

Tu m'as toujours montré comment surpasser les obstacles par la foi et l'abnégation. Je ne me suis pas laissé faire, le sens de l'entreprenariat est dans mes gènes, j'ai lancé deux start-up innovantes ici, mais faute de liquidités, je n'ai pas su aller très loin.

La vie courante a si peu d'importance et se ressemble tant. La vie intérieure est difficile à dire, il y a une sorte de pudeur. C'est si prétentieux d'en parler[4]

---

[4]*Le Livre de ma Mère* (1954), Albert Cohen

L'argent, le nerf de la guerre

En attendant, je combine quelques petits boulots pour arrondir les fins de mois. Quand je gagne l'argent ici, je le gagne plus amèrement qu'à la seule sueur de mon front, je le gagne avec les larmes de mes yeux. J'ai travaillé pendant dix ans dans la restauration comme barman, serveur, commis de cuisine. Je t'assure que ce n'est pas le travail de mes rêves, mais que veux-tu, je dois vivre et de temps en temps je dois penser à toi.

Quand il m'arrive de ne pas vous envoyer quelques petits billets pour vous aider à payer les factures, ce n'est pas par mauvaise foi, c'est parce que je n'en ai déjà pas assez pour subvenir à mes propres besoins. De temps à autre, ma tendre et charmante tante Pétronille me vient en aide et également mes cousins, Térence Rion, Fabien Rion et Xavier Rion.

L'Europe est loin d'être un havre de paix ; si seulement nous pouvions avoir des dirigeants sensés, le Congo serait le paradis sur Terre.

Le pari que j'ai pris d'aller m'aventurer loin de mon clan n'est pas sans conséquences. Ne vous méprenez pas, l'Europe que moi j'ai connue jusqu'ici, je ne la souhaite même pas à mon pire ennemi.

Tout doit être payé à temps et en heure. Par-dessus le marché, une facture de 10 euros qui n'est pas payée endéans l'échéance fixée est majorée d'un montant x et ainsi de suite… Une folie ! Au Congo, pour une dette de 100 euros, même après 10 ans, le montant ne changera pas d'un centime.

Pour ne pas te stresser plus que ça, je ne te parlerai pas des huissiers et de ce qu'ils font. Nous avons tous une dette envers la mort qui viendra tôt ou tard frapper à notre porte pour nous réclamer son dû. Mais lorsqu'un huissier se pointe devant ton palier, sa cruauté est bien pire que l'ombre de la mort.

Le temps passe tellement vite ici qu'on oublie parfois de s'arrêter pour apprécier les belles petites choses de la vie, comme le coucher du soleil que je ne vois quasi pas. Pour être sincère, je ne me suis jamais vraiment arrêté, entre les études et les petits boulots. Il m'est souvent arrivé d'enchaîner quinze heures de boulot d'affilée (de 11 h à 2 h du matin) et le lendemain je devais être debout à 5 heures du matin pour aller aux cours. Je suis emporté dans l'engrenage d'une société frénétique où chacun vit dans son chacun.

Tu sais qu'il m'est déjà arrivé ici de me brosser les dents avec du sel comme nous le faisions autrefois à la maison à Kinshasa dans nos moments les plus difficiles. Si tu manques de quelque chose ici, tu ne peux même pas aller sonner chez ton voisin, aucun magasin alimentaire ne fait de crédit et encore moins l'épicier du coin. Justement, le crédit en Europe, c'est le privilège qu'on accorde aux riches car ils ont horreur de dépenser leur argent.

Par ailleurs, je suis inquiet de la situation au Congo (RDC) où quasi toutes les Femmes indépendantes comme toi vivent et font vivre tout le village grâce à l'économie informelle. Le plus grand danger est qu'une fois que vous êtes dans l'incapacité de travailler pour telle ou telle raison, toutes vos économies et votre commerce s'effondrent comme un château de cartes. Et même lorsque vous n'aurez plus la force de poursuivre parce que vous serez rattrapées par l'usure du temps, aucun système ne vous garantira une sécurité sociale ou une simple couverture maladie.

L'économie du Congo ne tient pas à ses minerais, elle tient grâce à des Femmes comme toi, Maman. Vous êtes les vrais artisans du développement de ce pays. Personne ne parle de vous dans les statistiques, on n'y cite même pas une seule goutte de votre sueur versée à cause des fardeaux portés sur vos têtes et du poids des enfants sur vos dos.

Pendant que les hommes noirs rêvent des diamants pour s'enrichir, la Femme africaine transforme la seule terre qu'elle a en richesse pour subvenir à sa famille. Elle ne vit pas dans l'utopie, elle est la dernière à dormir et toujours la première à se lever car elle sait qu'elle doit faire 20 kilomètres par jour pour aller trouver de l'eau et du pain pour tout le clan.

Ce ne sont pas les diamants, encore moins les dirigeants stupides d'Afrique qui ont fait de moi un homme, mais bien entendu ma Mère. En Afrique, nous sommes tous les fruits d'une Femme comme ma Mère. Mais lorsqu'il s'agit de verser le sang pour s'accaparer les diamants qui ont toujours fait notre malheur, c'est sur cette même Femme que nous commettons les atrocités les plus abominables au monde. Si vous vous livrez à ces actes maléfiques, je vous prie, au nom de l'amour de nos Mères, d'arrêter immédiatement. N'oubliez pas d'où vous venez et d'où viendront vos enfants. Si vous n'avez plus de cœur, permettez-moi de vous en fabriquer un. Car la pureté de nos vies se trouve dans la Femme. Quand vous souillez la Femme, vous souillez notre existence.

Ce récit, je le conçois pour exalter la Mère que tu es et la Femme que tu représentes.

En guise de ma reconnaissance envers toi, Maman, je promets que tu recevras chaque centime de ce récit pour ta retraite ô combien méritée. J'espère qu'il y en aura assez pour te mettre à l'abri du besoin dans tes vieux jours. C'est la seule chose que je puisse fièrement t'offrir et c'est bien toi qui le mérites.

Ce récit n'aurait pas pu voir le jour sans tout ce que tu as fait pour moi et pour toute la famille.

Je ne serai pas satisfait tant que tu n'auras pas ton nom inscrit dans les livres des records.

La reconnaissance des hommes n'est que poussière, mais celle d'un fils est une tempête de sable dans un monde désert d'amour où la beauté n'est définie que par son corps.

C'est toi mon amour, c'est toi qui m'as appris à aimer et à respecter la Femme qui est souvent réduite à un simple objet de décor.

Ta simplicité, ton intelligence, ton ingéniosité et ta force ont armé mes anticorps.

De qui aurais-je encore peur aujourd'hui ? Quel obstacle pourrait encore se dresser devant moi ? Ton éducation a été une formation militaire contre ce monde chaotique et protagoniste où je suis embarqué sans mon accord.

Chaque fois qu'un homme a fait triompher la dignité de l'esprit, chaque fois qu'un homme a dit non à une tentative d'asservissement de son semblable, je me suis senti solidaire de son acte[5].

Le prix Nobel de la Paix qui nous est décerné aujourd'hui n'aura de valeur réelle que s'il peut changer concrètement la vie des victimes de violences sexuelles de par le monde et contribuer à ramener la paix dans nos pays.

Alors, que pouvons-nous faire ?
Que pouvez-vous faire ?

Premièrement, c'est notre responsabilité à tous d'agir dans ce sens.

Agir c'est un choix.

C'est un choix :

- d'arrêter ou non la violence à l'égard des femmes
- de créer ou non une masculinité positive qui promeut l'égalité des sexes, en temps de paix comme en temps de guerre.

C'est un choix :

- de soutenir ou non une femme,
- de la protéger ou non,
- de défendre ou non ses droits,
- de se battre ou non à ses côtés dans les pays ravagés par le conflit.

------

[5]Frantz Fanon

C'est un choix : de construire ou non la paix dans les pays en conflit.

Agir, c'est refuser l'indifférence.

S'il faut faire la guerre, c'est la guerre contre l'indifférence qui ronge nos sociétés.

Deuxièmement, nous sommes tous redevables vis-à-vis de ces femmes et de leurs proches et nous devons tous nous approprier ce combat ; y compris les États qui doivent cesser d'accueillir les dirigeants qui ont toléré, ou pire, utilisé la violence sexuelle pour accéder au pouvoir.

Les États doivent cesser de les accueillir avec le tapis rouge et plutôt tracer une ligne rouge contre l'utilisation du viol comme arme de guerre.

Une ligne rouge qui serait synonyme de sanctions économiques, politiques et de poursuites judiciaires.

Poser un acte juste n'est pas difficile. C'est une question de volonté politique.

Troisièmement, nous devons reconnaître les souffrances des survivantes de toutes les violences faites aux femmes dans les conflits armés et les soutenir de façon holistique dans leur processus de guérison.

J'insiste sur les réparations ; ces mesures qui leur donnent compensation et satisfaction et leur permettent de commencer une nouvelle vie. C'est un droit humain.

J'appelle les États à soutenir l'initiative de la création d'un Fonds global de réparation pour les victimes de violences sexuelles dans les conflits armés.

Quatrièmement, au nom de toutes les veuves, tous les veufs et des orphelins des massacres commis en RDC et de tous les Congolais épris de paix, j'appelle la communauté internationale à enfin considérer le Rapport du Projet « Mapping » et ses recommandations[6].

---

[6]Extrait du discours de Denis Mukwege, Prix Nobel de la Paix 2018

Si la beauté était une étoile, tu serais son éclat et si la beauté était un éclat, tu serais sa splendeur

Ta beauté intérieure a le pouvoir de redresser les eaux froissées, elle a la faculté d'assécher les larmes salées de l'amertume. Et de faire jaillir le courant de joie d'une eau paisible comme un fleuve d'amour dans les firmaments rocailleux d'une existence bouleversée.

Si tu manques d'amour, alors tu devrais connaître ma Mère et je suis persuadé qu'au travers de ce récit, les liens brisés entre Mères et fils seront renoués. Les colères d'hier seront emportées par le vent chaud du pardon d'aujourd'hui. Il y aura un séisme d'amour qui va secouer nos cœurs meurtris par le chagrin et la haine.

Je suis ton fils, je suis sorti de tes entrailles.

Je suis arrivé aveugle dans ce monde, mais c'est toi qui as enlevé de mes yeux toutes les écailles.

Tu m'as appris à marcher mais tu ne m'as montré qu'un seul et unique chemin, celui du Seigneur, car tu sais que ce monde est rempli de canailles.

Dans ma folie de jeunesse, tu m'as dit : "attention mon fils, la vie n'a pas de brouillon, fais toujours le bien que tu aimerais qu'on te fasse et en retour tu ne souffriras d'aucunes représailles".

La bouche d'un homme malhonnête pue comme de l'ail.

Mais l'intelligence d'une Femme comme toi est une arme qui repousse toutes les racailles.

Devant n'importe quel défi, je suis resté droit grâce à tes enseignements pendant que les autres me montraient du doigt, moi je n'ai eu aucun complexe de taille.

Ce n'est plus une question d'existence, mais plutôt un droit à la résistance parce que je sais que ma liberté, notre liberté, ne se gagnera que par la bataille.

Sur cette terre, il n'y a pas un lieu plus sécurisant que ton cœur. C'est pour cette raison que je souhaite définitivement y planter mon bercail.

Maman, j'aurais voulu te faire plaisir mais tu ne m'as jamais rien demandé. Les rares fois où tu l'as fait, c'était toujours pour les autres (mon père, mes frères, ma sœur ou mes petits neveux). Je me rappelle, lorsque j'ai eu des difficultés à payer mon loyer ici à Bruxelles après mon opération du genou, tu m'as proposé de le faire pour moi et de m'avancer un peu d'argent de ce que tu avais afin de payer mes factures. Mais quelle adorable Mère !

Ô Dieu, souviens-toi d'elle car c'est toi le seul vrai rémunérateur des justes. Pour ne plus me perdre dans cet océan de douleur, mon navire a définitivement besoin de ton gouvernail.

Élégie pour une Mère Africaine

Aimé à jamais sur tes genoux poser ma tête
Tes genoux qui supportèrent toutes les souffrances de
femme brave, femme
paysanne. C'est pour la vie.
Toi que j'écris, femme Africaine !
Dans la solitude de la nuit tu connais le moindre
battement de mon cœur
J'aurais
Je revois ces genoux qui furent pour moi plus moelleux que
des coussins de laine.

Femme paysanne, femme Africaine
C'est pour toi que je crie, mère Noire !
Dans le froid de l'harmattan ta douce poitrine me
réchauffait le frêle corps
Blotti contre ton sein je ressentais l'immense amour que tu
portes en toi.
L'amour avec lequel tu supportas ma turbulence, mes
gaffes et espiègleries
Mère, ton image à jamais restera gravée dans ma mémoire!

Femme Africaine, femme Noire
Je te loue, ô implacable guerrière du quotidien !
Zoua, l'amazone des forêts denses, l'amazone qui sait se
donner en sacrifice pour les siens.
Tu sus conquérir à force de sueur et d'abnégation le respect
et l'admiration de tous.

Jamais ton bras ne se reposait ni ton foyer ne s'éteignait
Tu connaissais par cœur les moindres secrets des champs
Et tu étais le pilier de la famille, la pierre angulaire de la
société.

Femme rurale, femme souvent oubliée
C'est pour toi que je prononce ces mots, ô limon fertile de
la sève libidinale !
Toi qui donnes la vie et t'occupes fidèlement de tes rejetons
Ton dos connut le soleil, la pluie et toutes les souffrances
Et sans rechigner dans le labeur, tu nous donnas un
modèle de vie inestimable !

Mère, c'est à toi que je veux rendre hommage !
Je veux te louer pour cette douce voix qui me chantait des
berceuses
Je veux magnifier ces mains angéliques qui m'essuyaient
les larmes
Chantons pour ce sourire immortel qui en premier nous
accueillit
Ce sourire qui guide nos pas et nous accompagne dans la
vie.
Des tonnes d'encre versées, du papier noirci, des flots de
paroles
Ne sauraient te dire merci pour ton chef-d'œuvre, génitrice
de l'humanité !

Femme Noire, femme du monde, femme qui donne la vie
J'aimerais te serrer dans mes bras aussi forts que le
permettent mes forces
J'aurais aimé toujours sentir ce chaleureux cœur battre
contre le mien
A l'unisson ils chanteraient un hymne à la vie, un hymne à
l'humanité

*Car dans ce cœur de chair, dans ce cœur de femme, l'être
faible et fragile,
Est enfermé, je vous en conjure, ce que l'humanité a de
plus précieux :
L'AMOUR ! Amour du prochain, l'amour de la vie,
l'amour sacrifice de soi.
Maman, permets-moi de poser sur ta joue fanée de femme
meurtrie par la douleur
Sur cette joue de femme rurale plus douce que l'étoffe de la
meilleure soie
Poser, en signe de reconnaissance, un baiser d'amour
Ce baiser qui contient toutes mes larmes, mes peines mais
aussi mes joies, mes rires et mes espoirs
Tu m'as donné la vie et chaque jour, tu combattis pour moi
sans relâche
Infatigable, à travers ronces et épines, sentiers tortueux,
recouverte de rosée
Au bord des marigots, dans les champs, sur les places des
marchés
Mais aussi dans le foyer tu sus te battre pour les siens.
Merci mère pour ce dévouement !*

*Je grave ces mots pour que l'humanité se souvienne de toi
Pour que la postérité te respecte et te loue, mère soumise
mais dévouée :
Femme de la pure tradition africaine
Née dans le creuset de la civilisation séculaire
Eduquée dans la rigueur ancestrale pour servir et
conseiller la société,
Tu es le soleil qui éclaire les nuits sombres du chef de
famille
Etoile céleste qui veille sur le sommeil candide de l'enfant
innocent*

Femme au cœur large comme la surface de la terre
Avec patience, douceur et beaucoup de bonté tu éduques
l'humanité

Aide et compagne inséparable et fidèle de l'homme depuis
la nuit des temps
Inspiratrice des grands hommes de ce monde
A jamais tu seras célébrée, femme du monde entier, femme
de l'humanité !
Que Dieu, le créateur divin veille sur toi
Que toutes les mains du monde la bénissent
Et que tous les cœurs se joignent au mien
Que toutes les langues chantent à l'unisson un hymne de
vie
Un hymne de paix et d'amour pour ma mère, pour la
femme !
Offrons-lui toutes les roses du monde
Ouvrons-lui grands nos cœurs, aimons-la et chérissons-la.

---

[7] *Élégie pour une Mère Africaine* par Moïse Lekpai, écrivain ivoirien.
Dans ce texte, l'auteur rend hommage à toutes ces femmes qui malgré
leurs souffrances continuent de se battre pour leurs familles.

L'enfant prodigue

« Le Cœur brisé, le corps endolori, je visite les
vestiges de ma vie[8]. »

J'ai quitté ma famille très tôt, loin de ma ville natale
qui est ton cœur, Maman. Dans le ciel gris de
Bruxelles, j'ai souvent cherché ton regard, au
crépuscule de mes journées j'ai désespérément
cherché le son de ta voix. Ici je n'ai aucun repère, je
me sens perdu comme un enfant prodigue. J'ai voulu
frayer mon chemin mais on me rappelle souvent que
je ne suis qu'un étrange étranger qu'on appelle
communément un sans-papiers.

J'ai grandi dans un quartier où chaque parent voulait
un enfant comme moi. Tu en étais fière, mais ici
malgré mes compétences, personne ne veut de moi.
Aujourd'hui, mon cœur brûle de chagrin mais seul
ton amour me sauvera de cet incendie, tel un
pompier.

Mon plus grand péché a été cette aventure, cela fait
10 ans que je ne t'ai pas vue de mes propres yeux.
Longtemps j'ai voulu revenir, mais la honte qui s'est
emparée de moi est comme une béquille à mes pieds.

---

[8]*Pas sommeil,* Benjamin Biolay

Même avec les poches vides, j'arpente la tête haute les rues pavées de Bruxelles car je sais que tu défendras indéfiniment ma cause et mon innocence malgré mon péché XL, Maman, c'est toi mon plus fidèle coéquipier.

Ton amour ne sera jamais en ménopause car ton cœur sera encore fertile à cent vingt ans et je sais que tu n'auras aucun répit ni ne prendras de pause aussi longtemps que toutes mes fautes ne seront pas expiées.

Ils disent de moi que je suis un homme froid et difficile. Mais lorsque la vie vous retourne et vous aplatit comme une crêpe, vous finirez par devenir crêpier.

J'ai eu le déclic de laisser tomber définitivement la restauration le jour où un client m'a donné 20 centimes de pourboire en me disant : « tiens ! C'est pour toi, tu n'as pas une vie facile. » Après cet incident, je me suis juré que c'était ta force et pas les autres que j'allais toujours recopier.

Pour ne pas perdre mon âme et pour ne pas perdre ton cœur, j'ai décidé d'emprunter le chemin du Seigneur pour que ma force soit innombrable et que dans mon cœur ta foi soit photocopiée.

Lorsque tu ne sais pas où tu vas, regarde d'où tu viens[9]

---

[9]Proverbe africain

La danse du village

Il y a un proverbe africain qui dit : « Quand vous débarquez dans un village, la première chose à faire c'est de savoir sur quel pied dansent les villageois ».

Depuis que j'ai mis les pieds en Belgique, je n'ai toujours pas trouvé le bon pied sur lequel dansent les Belges. Tantôt c'est le pied gauche, tantôt c'est le pied droit, tantôt c'est les deux et tantôt, eh bien, il n'y a simplement pas de danse.

Je t'avoue que la musique n'est pas dans les gènes des Belges et le rythme encore moins. Tu sais, ta musique me manque, chez nous en Afrique nous bâtissons en chantant, nous nous marions en chantant, nous nous enterrons en chantant, nous pleurons en chantant, nous dormons en chantant et nous nous réveillons en chantant. C'est tous ces chants dans chaque occasion et situation qui font notre joie de vivre.

Cependant, pour ne pas perdre cette joie et encore moins le rythme, j'y suis allé de ma propre danse. Et je sais que le choix de mon pied, c'est la seule chose qu'ils ne peuvent me reprocher. Alors tous les jours je chante mon retour, mes larmes ne coulent plus, mes larmes jouent ta symphonie.

En effet, depuis lors, je ne fais que de fausses notes car sans toi ma cheffe d'orchestre, je n'ai plus d'harmonie.

Ici, je ne suis visible que par ma solitude, même si mon appartement est tout en haut de l'altitude et pourtant personne ne me voit. C'est pour cette raison que mes chants ont perdu de leur saveur et de leur mélodie, comme la Belgique a douloureusement perdu le Congo sa riche colonie.

Je sais pertinemment bien que mes chants de malheur se transformeront en chants d'allégresse le jour où je poserai à nouveau mes pieds dans ton cœur. Je ne me rends peut-être pas assez compte que les dix ans passés ici ont été les plus difficiles et les plus laborieux de ma vie. Je me refuse à le reconnaître, même s'il y a comme une odeur d'échec dans cette périlleuse aventure. Alors je m'obstine, je me trouve des faux-fuyants pour tromper mes yeux mais ma conscience n'est pas dupe, je pense que je suis totalement dans le déni.

J'ai soufflé mes 33ᵉˢ bougies cette année, j'ai encore l'impression que mon âge est de l'ordre de la fiction. Mais pourtant, je suis dans la réalité, est-ce la solitude qui a rendu mon ombre invisible ? Je ne me regarde plus dans le miroir de peur de voir les signes du temps qui ont traversé mon visage juvénile. Mais en regardant mon ombre, je pourrais peut-être arriver à compter mes années comme la longueur du fleuve Nil. Je me rendrais enfin compte que ma cavale traîne depuis une décennie.

Je voudrais dire à mes frères : Ce n'est pas parce que je vous ai envoyé de belles paires de chaussures que j'ai de quoi me payer tous les jours un ticket de métro. Je ne compte plus les amendes bien salées des contrôleurs. Pour éviter de me faire attraper à nouveau, la marche est mon seul moyen de locomotion, ma belle Lamborghini.

Je me sens comme Benjamin Button[10], je suis né vieux et je mourrai bébé dans les bras de mon amour, ma Mère. Je ne me prends plus au sérieux pour esquiver la tragédie car ma vie est une ironie.

Ma lampe était certes étroite et ma lumière peu reluisante, du moins ma présence était-elle plus importante que mon absence. Ici, quels que soient mes accomplissements, il y a toujours quelque chose qui ne va pas. Au final, plus personne ne reconnaît mon génie.

« La danse est un drapeau en flammes qu'il faut continuer d'agiter[11]. »

---

[10]Film : *L'étrange histoire de Benjamin Button*, cet homme qui naquit à 80 ans et vécut sa vie à l'envers, sans pouvoir arrêter le cours du temps.

[11]*Une femme et une ville s'aiment*, Jennifer Jane Dobbelaere

« *Je suis plus devenu le fils de mon époque que le fils de mon père*[12] »

Après la chute de Mobutu, nous étions séparés de notre père qui était resté au Kivu, richissime province de la RDC située dans la région des Grands Lacs à la frontière du Rwanda, un voisin envieux et très intrusif.

En 1994, lors du génocide rwandais, je me souviens que nous avons tous, **dans la région,** ouvert nos portes pour héberger des rescapés rwandais. Derrière notre maison se trouvait un immense camp de réfugiés ; j'y allais souvent jouer au foot et un vrai lien d'amitié s'était instauré entre nous. Mon père, qui travaillait à l'époque au service des renseignements de Mobutu, savait pertinemment bien que notre hospitalité allait probablement nous créer des ennuis.

Il n'a fallu à peine qu'un an avant qu'une rébellion engagée par Laurent Désiré Kabila vienne nous surprendre et bouleverser nos vies.

En 1996, je me rappelle que nous étions encore à l'école, en plein cours, lorsque mon père est venu nous chercher précipitamment non pas pour rentrer à

---

[12]Proverbe africain

la maison, mais direction l'aéroport de Beni (petite ville du Kivu). Je n'ai jamais pu dire adieu à mes potes. Je suis donc orphelin de mes amis d'enfance et de mes souvenirs écorchés. J'ai été arraché de mes racines par cette guerre qui a entraîné la chute de Mobutu et en quelque sorte un peu mon lien avec mon père.

Notre avion bondé prenait la direction de Kinshasa, la capitale de la RDC. Il y avait à mes côtés ma Mère, ma sœur Divine, mes deux petits frères Loïc, Dev et moi. Mon père était resté pour son travail et le temps pour lui de rassembler toutes nos affaires et de payer tous les travailleurs avant de venir nous rejoindre à Kinshasa quelques semaines après. Mais les semaines sont devenues des mois et ensuite des années. Il aura fallu attendre pratiquement 10 ans après la chute de Mobutu pour qu'il nous rejoigne enfin comme prévu.

Sans argent et quasi sans nouvelles de lui, nous avons **grandi, une fois à Kinshasa, dans la pauvreté totale et** absolue. Et sans maison, nous avons péniblement squatté chez les amis de mon père avant d'emménager dans notre maison inachevée et sans toilettes. Ma Mère, qui jouait à la fois son propre rôle et celui du père comme c'est souvent le cas au Congo, était très débordée. Son travail consistait à vendre les denrées alimentaires de première nécessité dans les rues poussiéreuses et insalubres des quartiers populaires de Kinshasa.

Maman, tu te souviens encore de cette partie de notre histoire ? Malgré mon jeune âge, je n'ai jamais oublié tout ce que tu as fait pour permettre à ton mari de revenir parmi nous. Il a été fait prisonnier après la guerre de Kabila, ensuite il y a eu la guerre de Bemba et de tous les autres belligérants. Pour quelle raison a-t-il été prisonnier? Je n'en sais rien.

Le jour de nos retrouvailles, c'était une grande joie d'enfin le revoir, il avait tellement changé, j'ai senti la colère en lui dès les premiers jours de son retour. Il t'a souvent reproché des choses sans jamais te dire un petit merci pour tout ce que tu avais fait pour nous. Le plus important était de nous instruire et de nous montrer la voie.
Si je n'avais pas eu cette éducation, je ne serais même pas en mesure d'écrire ce récit et encore moins le précédent. Car on n'est pas parent parce qu'on a enfanté, mais parce qu'on a transmis.

Toutes les valeurs que j'ai aujourd'hui, je les tiens de toi, Maman.

Il ne peut pas m'en vouloir d'avoir choisi tes voies, elles ne sont pas celles d'une Femme insensée, bien au contraire, elles sont celles d'une Femme majestueuse. J'ai grandi sans mon père, je suis devenu adolescent sans ses blâmes et ses coups. La faute n'est ni la mienne ni la sienne, c'est cette guerre qui a détruit des familles et des vies. De mes amis du camp, j'ai appris que certains étaient devenus enfants soldats et d'autres ont été victimes d'abus.

Qu'est-ce qu'il aurait voulu que je devienne en son absence? Si ce n'est pas la famille qui vous éduque, c'est bien la rue qui vous relooke.

J'ai failli embrasser cette rue pendant que ma Mère allait nous chercher du pain, je pouvais bien emprunter en catimini cette facilité. Enfant turbulent et peu studieux à l'époque, ce sont les sacrifices de ma Mère, son dos calciné par le soleil et les cernes de ses yeux qui m'ont fait me ressaisir. Je m'étais promis, pour récompenser ces sacrifices, que j'allais toujours être premier de classe. Chose promise, chose due et ensuite mes frères ont tous suivi la même voie.

Après le retour de mon père parmi nous, ma relation avec lui n'a jamais été au beau fixe. Il voulait redresser avec force un arbre qui était déjà droit. Il suffisait simplement de l'arroser d'amour, cette plante, le germe que je suis. Sa méthode digne d'un dictateur a engendré une fracture entre lui et moi.

Il est devenu le père que je ne voulais pas avoir et moi le fils qu'il ne voulait plus revoir.

C'est mon père et je l'aimerai toujours, **mais ses sautes d'humeur contre toi, Maman, et** la manière dont tu as géré les finances en son absence, ont toujours été une source d'intense tension entre vous deux. Il te reproche souvent d'être celle qui a occasionné sa chute parce que tu n'as jamais fait les choses comme il le voulait. Mais réfléchissons un peu, si tu avais fait exactement les choses comme il l'envisageait, le succès n'était pas non plus garanti. En effet, il est plus facile à un bœuf de passer par le trou d'une aiguille que de réussir en affaires. Je l'ai appris à mes dépens en lançant deux beaux projets de start-up en Belgique

Après toutes ces années écoulées, je ne comprends plus sa colère, et rien ne peut justifier sa violence quelle qu'elle soit.

Depuis que je suis ici en Belgique, il arrive souvent que mes amis ou ma sœur m'appellent en cascade pour régler vos conflits qui deviennent à mes yeux tellement honteux et malheureux, car il est temps pour vous de jouir de votre vieillesse dans la paix et dans la reconnaissance de ce que Dieu vous a donné comme enfants, car nous avons tous été récompensés d'une manière ou d'une autre. Et notre bonheur, c'est ça votre succès qui fera toujours votre fierté. Vous pouvez bâtir des immeubles mais si vous laissez des enfants perdus derrière vous, votre nom sera à jamais associé à l'opprobre.

Maman, tes œuvres je les ai vues, tes sacrifices je les ai palpés, ta douleur je l'ai ressentie, tes larmes je les ai goûtées à force de les sentir sur ma tête lorsque tu me prenais dans tes bras. Mais ton amour m'a inondé de joie et a caché toute cette faiblesse. C'est pour ça que je te défendrai toujours bon gré mal gré. C'est toi mon Héroïne et aucune cure de désintoxication ne viendrait enlever en moi ta cocaïne.

Cette loyauté envers toi m'a valu les déshonneurs de mon père. Mes traits sont peut-être ceux de son visage mais nos cœurs vivent désormais dans le clivage. Depuis que je suis en Belgique, c'est lui qui a été plus gâté que n'importe qui d'autre. À chaque fois qu'il voulait quelque chose, je faisais tout pour l'honorer, même lorsque je n'avais plus rien sur mon compte en banque. Je faisais tout pour lui envoyer les costumes qu'il voulait pour sa garde-robe afin d'impressionner ses amis, car au Congo on ne badine pas avec la sape.

En venant sur terre, nos parents sont le seul poste qu'on nous impose. Devant mon téléviseur, ce n'est pas « touche pas à mon poste » (TPMP[13]) mais bien ta colère que je zappe.

Avant de clore ce chapitre sombre, j'aimerais rappeler à mon père que la seule vraie éducation qu'on puisse donner à un fils, c'est l'Amour. Le seul bonheur qu'on puisse donner à sa Femme, c'est le Respect. Et la seule paix qu'on puisse s'octroyer à soi-même, c'est le Pardon.

Ce segment d'histoire est le plus regrettable mais il est mien et cela le rend précieux car rien n'est jamais séparé de rien.

Si je ne suis pas impartial, c'est peut-être parce que je n'ai jamais connu tes combats, tu ne m'as jamais fait part de ta douleur durant toutes ces années d'absence. Je ne suis peut-être pas cohérent dans mes propos, c'est parce que je ne te connais pas assez comme un fils devrait connaître son père. Si je me trompe, je te prie de bien vouloir me pardonner. C'est toi mon maître, pour ne pas devenir un charlatan, je ne veux pas te découvrir par devinettes, j'attends que tu m'apprennes ton art martial.

Celui qui t'enseigne vaut mieux que celui qui te donne[14].

---

[13] Talk-show français consacré à l'actualité de la télévision et des médias où débattent des chroniqueurs et des invités, auquel s'ajoutent des séquences de divertissement.
[14] Proverbe africain

L'Amour Pyramidal

Chaque personne aimée nous accroît, nous amplifie, nous élève. Je suis la somme de tous ces amours. Cet amour peuple l'horreur de ma solitude.

Comme vous le voyez dans l'image ci-dessus, l'équilibre de ma vie tient grâce à ces trois merveilleuses Femmes. Chacune d'elles joue un rôle déterminant dans mon existence. Elles ont bâti en moi le symbole énigmatique de l'amour pyramidal.

Je suis un homme qui a été sculpté par la bonté d'une Femme bienveillante, ma Mère.
Mais elle n'a pas été seule dans ce processus : heureusement pour moi, les deux autres Femmes qui la complètent dans ma pyramide d'amour ont assuré avec brio la continuité de ma création.

Oui, en effet, l'amour a le pouvoir de la création. Je n'aurais pas été un homme complet dans mon évolution sans la participation de ma Mère Cécile, de ma Tante Pétronille et de ma Compagne.

S'il faut 365 jours pour faire une année, il faut trois Femmes pour bâtir un homme solide. Malheureux est l'homme qui aura manqué de l'Amour maternel, je plains son esprit invalide. Si un homme respecte et aime sa Mère, alors il respectera et aimera toutes les autres Femmes à la vitesse de son bolide. Car dans les sentiers rocailleux de la vie, l'Amour maternel protège nos pieds comme une belle paire de sandales.

Le désordre et le chaos caractérisaient mon univers et ce n'est qu'un relief, mais depuis que vous avez fait de mon cœur votre fief, la paix est abondante comme le stock de vivres d'un État féodal.

Pour maintenir l'équilibre, la force, la détermination et la quiétude dans toutes mes voies. Sur ma route, je n'avance plus seul car vous faites partie de mon luxueux convoi. Alors mon amour pour vous sera toujours pyramidal.

Je ne suis peut-être pas en mesure d'étayer toute l'étendue de mon amour pour vous trois comme un polygame. Je l'avoue, l'homme que je suis devenu n'a pas d'autre secret si ce n'est votre amalgame. J'assume mes propos même s'ils devaient faire un scandale.

La sobriété me priverait de votre amour, alors laissez-moi m'enivrer de vous jusqu'à l'overdose. Ma dépendance à vous trois a fait de moi un homme intègre et pour expérimenter cette racine de l'éternité qui est l'amour, il ne me manque plus qu'une dose. Du néant vous avez façonné l'homme que je suis et depuis lors, mes angoisses se sont éclipsées car elles ne comprennent que dalle.

Maman, je voudrais te présenter ma compagne, la troisième pièce du puzzle qui me manquait afin que mon amour soit immaculé. Jusqu'ici mon intelligence était paraplégique, c'est bien elle qui l'a articulée. J'ai grandi dans les quartiers bouillonnants de Kinshasa, pas les plus chics mais les plus acculés.

Errant dans les rues froides de Bruxelles, c'est dans son cœur que j'ai trouvé refuge et chaleur.

Elle ne vient pas de notre village, elle ne parle pas notre langue mais pourtant, elle a bien toutes tes valeurs.

C'est dans les choses simples que se trouve la saveur de la vie. Et avant elle, tout était compliqué. Elle a une âme lumineuse et un sourire éclatant, peu importe le temps ou l'heure.

Elle est drôle, attentionnée et patiente. Je n'ai jamais été un enfant facile, je ne suis pas non plus un compagnon docile. Mais grâce à ses précieux conseils, mes caisses sont de plus en plus efficientes.
Même lorsque je tombe de haut, ce n'est pas en bas qu'elle m'attend mais plutôt en altitude car son esprit est bien trop supérieur pour traîner en surface ambiante.
Elle me rassure dans mes échecs, elle m'encourage dans ma quête vers le succès et quand le désespoir frappe à ma porte, seul son regard de lionne me procure de l'antidouleur.

C'est une femme qui se lève tôt non pas parce qu'elle est insomniaque, mais pour se battre pour ses deux petits crapauds difficiles qui sont loin d'être des enfants maniaques. Maman poule, elle ne laisse jamais rien au hasard et quand il le faut, elle n'hésite pas à sortir ses griffes de lionne pour les protéger avec toute sa niaque. Je te promets que je fais mon possible pour être un homme exemplaire, moi qui n'ai jamais été parent jusqu'ici, c'est avec elle que j'endosse mon nouveau rôle de beau-père. Ce n'est pas une tâche facile mais c'est auprès de ma Tante Pétronille que je retrouve tous mes repères. Une tâche fastidieuse que j'ai parfois du mal à remplir, mais fort heureusement pour moi, avec toutes les chaises qu'ils cassent, la seule chose qu'elle me reproche c'est de ne pas être un fervent bricoleur.

Elle est d'une beauté mystifiée, ses yeux de braise envoûtent mon regard pétrifié. Son silence me secoue les oreilles comme un son amplifié. Au grand dam de nos détracteurs, malgré nos cultures opposées, la censure de notre amour a été rectifiée.
Méticuleuse, elle prend quotidiennement soin de moi avec l'attention d'un excellent carreleur.

Quant à ma Tante Pétronille, je n'ai jamais vu une Femme aussi tenace à qui la vie n'a pas fait d'aumône.

Elle n'a jamais fait d'études mais je te promets, Maman, elle est bien plus titrée et qualifiée que mes diplômes.

Quand je suis dégoûté de la Belgique, elle me demande paisiblement de rester auprès d'elle. Elle est très contente que je sois là car elle sait, aussi longtemps que je vivrai ici, qu'elle ne finira pas toute seule dans un home.

Lorsque je suis arrivé en Belgique, elle m'a tout de suite aimé et adopté comme son propre fils. Chez elle, j'ai ma propre chambre, même si dans notre coutume, les mots d'amour sont rares, elle m'appelle « mon bébé ». Un amour sincère et vrai qui est visible par ses symptômes.

Avec elle je parle de tout, sans le moindre tabou. On rigole parfois de nos déboires et lorsque les factures s'entassent sur sa table, elle me dit souvent « c'est quoi ce pays ? Il faut payer, payer et tout le temps payer ! Va dire ça au Congo, ils ne vont jamais nous croire ! » Notre complicité est tellement forte, à telle enseigne que nous sommes devenus un parfait binôme.

Elle me dit souvent « Mon bébé, il faut travailler dur et encore dur, ne sois pas une victime de la pauvreté atteint du syndrome de Stockholm. Ne te fatigue pas jusqu'à l'épuisement, jamais dans l'agitation mais toujours dans la confiance et le calme.
Autrefois je n'étais qu'un électron libre, son amour m'a rendu aussi solide qu'un atome.

Elle est le noyau indivisible et homogène de toute sa famille. Ses dîners aux allures d'une grande messe avec ses cinq enfants, leurs Compagnes et ses quatre petits-enfants. À sa table on ne dit pas bon appétit mais Chalom !

Vous avez fait de ma vie un manoir d'amour où tous les matins, je reçois en abondance *une pyramide de baisers, une tempête d'amitié, une vague de caresses, un cyclone de douceur et un océan de pensées*[15]. En retour, je vous offre ce building de tendresse.

Vous êtes ma plus féroce contagion, pyromanes de mon cœur et canadairs de mes frayeurs.
Vous êtes mes dames, vous êtes ma came.
Vous êtes ma vitamine, ma drogue, ma dope, ma coke, mon crack, mon amphétamine.

Aujourd'hui grâce à vous trois, j'ai conscience que vivre d'amour, c'est faire un mouvement de retour entre la force et la vulnérabilité. C'est s'offrir un peu d'immensité et effleurer l'absolu.

---

[15]*Caroline*, MC Solaar

Le miracle devrait être au féminin

Maman, c'est de l'abondance du cœur que la bouche parle, c'est de la plénitude de ton amour que mon âme n'est plus pâle.

Tu n'as jamais changé l'eau en vin. Et pourtant, lorsque qu'il m'arrive de perdre la joie, seul ton sourire me redonne la foi. C'est pour ça que le miracle devrait être au féminin. J'aurais encore aimé être dans tes bras, car tes réprimandes redressaient l'enfant turbulent que j'étais tel un anti-venin.

Celui à qui on a appris à pêcher n'aura plus faim, mais celui à qui on a appris à aimer ne mourra plus le lendemain.

Maman, tu sais, j'ai toujours souhaité avoir une merveilleuse Femme comme toi, c'est pour cette raison que j'ai eu du mal à me caser, car dans leur convoitise elles voulaient m'attirer comme des saintes.
Avant de trouver ma Compagne, je n'étais pas difficile mais l'amour qu'elles prétendaient me donner avait un léger goût d'absinthe.

On ne manquait quasi de rien à la maison même si ton salaire n'était ni net ni fixe, il nous fallait simplement ton sourire pour nous combler et pas Netflix.

À 60 ans, toujours aussi travailleuse, tu as gardé le même rythme sans jamais être à bout. Telle une vraie sentinelle de mon cœur, tu penses régulièrement à moi dans tes prières et tes nuits de méditation sont blanches comme celles d'un hibou.

Tu as su nous éduquer avec amour sans le moindre coup, aucun de nos oncles qui nous embêtent aujourd'hui n'a pensé à nous envoyer ne fût-ce qu'un petit colis. Je regarde le passé depuis mon rétro, ce n'est pas mon cœur qui souffre mais mon cou de torticolis.

De tes entrailles n'est sorti aucun enfant terrible. Nous sommes tous entre de bonnes mains et en l'occurrence, sur la bonne voie, je prie le ciel de vivre l'éternité à tes côtés car loin de toi, ma douleur est horrible.

« *Là où est ton trésor, là aussi sera ton cœur*[16]. »

J'ai sillonné la terre à la recherche du bonheur, plus je m'éloignais de toi, plus je suis devenu malheureux. Dans mon parcours, j'ai accompli des choses qui pouvaient me rendre fier et heureux. Mais fâcheusement, malgré toutes ces belles vanités, je n'ai pas su trouver de paix ni d'éternité.

Aujourd'hui je me rends compte que mon cœur je ne le vois pas ici.

À cause du parfum de l'argent, cette société est devenue une jungle où tout est commercial. Alors je me perds sans ton odeur, toi ma fleur équinoxiale. Pour ne plus à nouveau me perdre, je me présente devant ta porte, Maman me voici.

Tu es mon trésor d'une valeur inestimable. Au fil du temps, je me rends compte que rien ne peut t'égaler, toi le siège de mon cœur. Dans ma ruée vers l'or, je t'ai perdue. Aujourd'hui je décide de te retrouver mais ma conscience ne se remettra pas de sitôt de cette rancœur.

J'ai failli me brûler en jouant avec le feu, mais ta bonté n'est pas inflammable.

---

[16] *Bible* : Matthieu 6 :21

Tout ce que j'ai amassé loin de toi pendant toutes ces années ne m'a été d'aucune valeur ajoutée et aujourd'hui encore, mes sentiments sont bel et bien thésaurisés.

Tu es mon investissement le plus rentable car tous les ans, ton amour pour moi double et mon capital sentiment quadruple. Cette efficience, je ne la dois pas à l'école ni à mes diplômes, car il y a bien longtemps que mon savoir a été déscolarisé.

Maintenant que j'ai ouvert les yeux, je vois que mon semblant de bonheur était tout simplement un tissu de mensonges peint de riches coloris.

Mon cœur a été conçu dans l'amour, j'ai été allaité dans une opulence de splendeur pour vivre l'éternité. C'est ainsi que je te définirai Maman, mon plus précieux trésor, car ton amour est ma seule religion et ceci n'est pas une théorie.

Tu es une Femme d'une générosité étincelante, d'un calme olympien, d'une personnalité brillante et d'un esprit resplendissant et espiègle.

Tu es cette exception qui confirme la règle.

Je sens que le jour de mon retour est proche, mon train est sur le quai. J'ai hâte de retrouver ta cuisine, ta luminosité, ton cœur, le siège de mon amour. Nous allons boire et danser, car l'enfant prodigue est revenu d'entre les morts et c'est à ta santé que nous allons trinquer.

Si vous avez été aimé par une Mère comme la mienne, alors vous comprendrez peut-être ma douleur. C'est pour cette raison que mes paroles sont profondes et que mes écrits sont mélancoliques.

Je ne le dis pas pour flatter ni pour espérer un héritage, je suis dans la peau de celui qui crache la vérité sans aucune banalité car ton amour, je ne sais pas le boire sans modération, je suis un alcoolique.

Cœur fertile et pourtant ma semence éprouve des difficultés à féconder. Est-ce la peur du passé qui m'envahit ? Ou est-ce le souci de ma précarité ? Je fais tout pour me distinguer afin que mon savoir et mon compte en banque soient en parfaite parité.
Je refuse que mes futurs enfants, si le ciel daigne m'en donner, vivent dans une situation où pour manger, il faudrait que les services sociaux viennent nous seconder.

J'ai beau soulever des poids mais je n'ai pas ta force qui protège une plume.
Si mon savoir a pris un certain volume, mon cœur n'est pas encore disposé à devenir ce fondement sur lequel on forge des vies, je ne suis pas aussi solide, je ne suis pas de ton enclume.

Tu souhaiterais bercer mes enfants de ton vivant par tes chants apaisants. Maman, tu vois à quel point je m'inquiète pour eux avant même qu'ils ne soient conçus.
Lorsque les inquiétudes enveloppaient mon esprit, tu me rappelais sans cesse cette parole de la Bible : « *Ne vous inquiétez donc pas du lendemain; car le lendemain aura soin de lui-même. À chaque jour suffit sa peine*[17]. »
Mais je t'avoue, ici je fais tout le contraire à cause de la pression de cette société. J'ai malheureusement oublié de vivre, et comment ne pas se préoccuper du

---

[17] *Bible* : Matthieu 6 : 43

lendemain quand le présent dégage une aussi mauvaise haleine ?
Je t'ai vue à l'œuvre comme un ayant droit, comme un enfant insouciant. Tandis qu'aujourd'hui, je m'apprête à passer de l'autre côté de la cour, au banc des accusés. Alors j'ai peur et je me rends compte que toute la misère que j'ai vue dans tes yeux n'était qu'un simple aperçu.

Cette génération d'enfants qui naissent avec un téléphone dans la main, ont déjà une chaîne Youtube personnelle à l'âge de 5 ans à peine. Ils ne jouent plus dans la cour de récré mais préfèrent se connecter à la 5G.

Cette génération m'effraie, elle a des exigences de princes pourris et gâtés. J'ai comme l'impression qu'on se sert d'eux pour alimenter cette société de consommation, alors on n'est plus parent, on devient loup de Wall Street.

À notre époque, pour jouer au dur, on parlait en verlan et aujourd'hui ces gamins ne jouent plus mais ils font les malins car ils se parlent en hashtag et veulent la dernière paire de Jordan, la dernière console PlayStation, le dernier IPhone...
Je suis loin d'être prêt car je n'ai pas les conditions ni la vitesse de Usain Bolt pour tenir dans cette course.

Aujourd'hui, qui éduque vraiment nos enfants? Être parent est devenu une institution en défaillance, alors pour ne pas devoir rendre des comptes, je me mets d'ores et déjà en faillite.

Eh oui, je suis pessimiste, je suis le saint Thomas qui reprendra espoir le jour où je verrai enfin les cerfs-

volants tomber du ciel comme s'écrasent les failles de
notre élite.

Maman, pour évaporer toutes ces inquiétudes,
j'aurais aimé atteindre le sommet mais je vole encore
au ras du sol car mes hélices sont tristes.
Depuis mon départ de la maison, rien n'a vraiment
changé jusqu'ici, même si mes repas sont maintenant
cuits à l'huile de tournesol, cependant mon
portefeuille lice n'est pas élitiste.

Tes frontières ont été mon giron, j'aimerais te
parcourir à nouveau, arpenter les sentiers de ton
cœur.

COLONNE DE NUÉE

Une Femme oublie-t-elle l'enfant
qu'elle allaite ?
N'a-t-elle pas de la compassion
pour le fils qui est sorti de son
ventre ?
Même si elle l'oubliait, moi je ne
t'oublierai jamais.
Vois ! Je t'ai gravée sur mes mains.
Tes murailles sont constamment
devant moi.

Diamant brut

Maman je te demande pardon car je suis un enfant en colère. Je suis rongé de l'intérieur à cause de ta relation tumultueuse avec papa. Cette année a été assez difficile pour moi, j'avais besoin de votre réconfort, de votre attention, de votre bienveillance et non de vos chamailleries de couple. Même si tu es une Femme parfaite, je suis conscient qu'il n'y a pas de couple parfait. Mais il serait préférable de garder loin de nos oreilles et de nos yeux vos tensions et vos différends, je préfère être franc et agile.

Aucun enfant ne souhaiterait voir ses parents se déchirer même si d'un côté, c'est votre manière de vous aimer. Car vous êtes mariés depuis pratiquement 40 ans et je ne vous vois pas vous séparer car vous avez divorcé du divorce. Ces ondes négatives secouent ma joie et m'empêchent d'espérer un retour vers vous, la source de mon bonheur fragile.

Comme il est écrit : « Honore ton père et ta Mère, c'est le premier commandement avec une promesse, afin que tu sois heureux et que tu vives longtemps sur la terre[18]. » Je pourrais rajouter ceci à cette belle parole de sagesse : Parents, affectionnez vos enfants enfin que vous viviez heureux dans vos vieux jours.

---

[18] *Bible*, Éphésiens 6 : 2-3

« Si quelqu'un, en effet, veut aimer la vie et voir des jours heureux, qu'il préserve sa langue du mal et ses lèvres des paroles trompeuses, qu'il se détourne du mal et fasse le bien, qu'il recherche la paix et la poursuive[19]. »

N'anéantissez pas tous les efforts de vos sacrifices, car vos fruits sont savoureux comme une belle pomme, mais vos tensions véreuses viennent placer des carpocapses qui rongent l'intérieur de vos merveilleux fruits. Pendant que c'est encore possible, rachetez le temps car mon cœur n'est plus en pierre, il est en argile.

Pendant toute cette décennie loin de vous, j'ai plus entendu vos problèmes de couple que les nouvelles de mes frères et de ma sœur. Alors, pour ne plus être témoin de ce malheur, j'ai pris mes distances, je n'adhère plus, j'essaie de fuir, de vous éviter simplement, mais je ne suis pas si souple.

Dis à papa que mes messages ont été certes durs, mais ils n'étaient pas plus offensants que ses paroles et ses insultes.
Il fallait mettre un terme une fois pour toutes à ce cauchemar et à cet égoïsme inculte.

Maman, je te demande pardon d'avoir pris mes distances depuis le mois de juin de cette année 2020. C'était un mal pour un bien car tu sais que même si les montagnes s'éloignaient, même si les collines étaient ébranlées, mon amour ne s'éloignerait pas de toi. Et je souhaite de toutes mes forces que ce récit soit pour nous, en l'occurrence, une occasion de

---

[19]*Bible*, 1 Pierre 3 : 10-11

réconciliation, de pardon profond et durable. Et personnellement pour moi, une forme de thérapie.

Une chose est certaine : « Il n'y a pas de peur dans l'amour; au contraire, l'amour parfait chasse la peur, car la peur implique une punition. Celui qui éprouve de la peur n'est pas parfait dans l'amour[20]. » Ensemble nous sommes d'un amour parfait et je crois qu'au-delà de nos divergences et parfois de nos perceptions, vous êtes mon diamant brut. Dans mon cœur, vos pieds ne fouleront pas l'opprobre mais vous marcherez avec honneur sur du velours et la douceur de mon tapis.

Comme dans chaque histoire de famille, il y a des eaux troubles qu'il faut aborder avec sagesse et pénétrer avec intelligence. La racine primitive de l'amour, c'est le Pardon car l'Amour couvre toutes les fautes. Maman : « parce que tu as de la valeur à mes yeux et parce que tu as de l'importance bien plus que ma vie. Je t'aime et je donnerai des hommes à ta place, des peuples en échange de ta vie.[21] »

Moi, je t'offrirai des perles de pluie venues de pays où il ne pleut pas[22].

---

[20] *Bible*, 1 Jean 4 :18
[21] *Bible*, Isaïe 43 :4
[22] *Ne me quitte pas*, Jacques Brel

Les yeux sont les fenêtres de la vérité

J'ai vu des hommes plus méchants que ceux qui ont échangé le Christ contre Barabbas.
Pour ta paix, Ô Femme, j'ébranlerai le ciel, j'obscurcirai le soleil pour que ces ordures boivent leur vin de crime dans les bars par la voie basse.

Je condamne d'une fermeté absolue,
cette société miséreuse et révolue,
où le viol est une arme de guerre,
votre appétit ne durera guère,
c'est votre jour de sentence,
votre âme sans pénitence.

LE RESPECT ET L'INTÉGRITÉ DE LA FEMME SONT UN IMPÉRATIF AUQUEL AUCUN HOMME, AUCUNE ARMÉE, AUCUN ÉTAT, AUCUNE INSTITUTION, AUCUNE ENTREPRISE, AUCUNE LOI ET AUCUNE RELIGION NE PEUVENT SE SOUSTRAIRE.

Ode à ma mère, ode à toutes les mères qui nous ont aimés et que nous n'avons pas assez aimées en retour[23].

---

[23]Albert Cohen, *Le livre de ma mère*

Madame,

Peu faite au langage que l'on tient aux Rois, je n'emploierai point l'adulation des Courtisans pour vous faire hommage de cette singulière production. Mon but, Madame, est de vous parler franchement ; je n'ai pas attendu pour m'exprimer ainsi, l'époque de la Liberté : je me suis montrée avec la même énergie dans un temps où l'aveuglement des Despotes punissait une si noble audace.

Lorsque tout l'Empire vous accusait et vous rendait responsable de ses calamités, moi seule, dans un temps de trouble et d'orage, j'ai eu la force de prendre votre défense. Je n'ai jamais pu me persuader qu'une Princesse, élevée au sein des grandeurs, eût tous les vices de la bassesse.

Oui, Madame, lorsque j'ai vu le glaive levé sur vous, j'ai jeté mes observations entre ce glaive et la victime; mais aujourd'hui que je vois qu'on observe de près la foule de mutins soudoyée, & qu'elle est retenue par la crainte des lois, je vous dirai, Madame, ce que je ne vous aurais pas dit alors.

Si l'étranger porte le fer en France, vous n'êtes plus à mes yeux cette Reine faussement inculpée, cette Reine intéressante, mais une implacable ennemie des Français. Ah ! Madame, songez que vous êtes mère et épouse ; employez tout votre crédit pour le retour des Princes. Ce crédit, si sagement appliqué, raffermit la couronne du père, la conserve au fils, et vous réconcilie l'amour des Français. Cette digne négociation est le vrai devoir d'une Reine. L'intrigue, la cabale, les projets sanguinaires précipiteraient votre chute, si l'on pouvait vous soupçonner capable de semblables desseins.

Qu'un plus noble emploi, Madame, vous caractérise, excite votre ambition, et fixe vos regards. Il n'appartient qu'à celle que le hasard a élevée à une place éminente, de donner du poids à l'essor des Droits de la Femme, et d'en accélérer les succès. Si vous étiez moins instruite, Madame, je pourrais craindre que vos intérêts particuliers ne l'emportassent sur ceux de votre sexe. Vous aimez la gloire ; songez, Madame, que les plus grands crimes s'immortalisent comme les plus grandes vertus ; mais quelle différence de célébrité dans les fastes de l'histoire ! L'une est sans cesse prise pour exemple, et l'autre est éternellement l'exécration du genre humain.

On ne vous fera jamais un crime de travailler à la restauration des mœurs, à donner à votre sexe toute la consistance dont il est susceptible. Cet ouvrage n'est pas le travail d'un jour, malheureusement pour le nouveau régime. Cette révolution ne s'opérera que quand toutes les femmes seront pénétrées de leur déplorable sort, & des droits qu'elles ont perdus dans la société. Soutenez, Madame, une si belle cause ; défendez ce sexe malheureux, et vous aurez bientôt pour vous une moitié du royaume, et le tiers au moins de l'autre.

Voilà, Madame, voilà par quels exploits vous devez vous signaler et employer votre crédit. Croyez-moi, Madame, notre vie est bien peu de chose, surtout pour une Reine, quand cette vie n'est pas embellie par l'amour des peuples, et par les charmes éternels de la bienfaisance.

S'il est vrai que des Français arment contre leur patrie toutes les puissances, pourquoi ? Pour de frivoles prérogatives, pour des chimères. Croyez, Madame, si j'en juge par ce que je sens, le parti monarchique se détruira de lui-même, qu'il abandonnera tous les tyrans, et tous les cœurs se rallieront autour de la patrie pour la défendre.

Voilà, Madame, voilà quels sont mes principes. En vous parlant de ma patrie, je perds de vue le but de cette dédicace. C'est ainsi que tout bon citoyen sacrifie sa gloire, ses intérêts, quand il n'a pour objet que ceux de son pays.

Je suis avec le plus profond respect,

Madame,

Votre très-humble et très-obéissante servante,

De Gouges[24].

---

[24]Lettre d'Olympe de Gouges à Marie-Antoinette pour les droits de la femme et de la citoyenne

Elle est libre

La Femme est le torrent de l'amour comprimé en nous. Il faut laisser ouvertes les vannes qui la retiennent captive de notre société machiste.

Elle est le socle de nos vies sur terre, le doux parfum de l'aurore ; si l'hirondelle annonce le printemps, la Femme est le miel de nos jardins. Pourquoi encore aujourd'hui, sa liberté est-elle réprimée à sang par la dictature masculine comme un mouvement anarchiste?

Si la paix tarde à venir, c'est grâce à la Femme que le bonheur est ponctuel. Désormais on peut lire la peur dans le regard hautain de cette dictature en mauvaise posture. Car elle sait que la liberté de la Femme est putschiste.

Sa colère est plus effrayante qu'un tonnerre. Si certains en sont conscients, d'autres se plaisent pour nous corrompre, à rappeler au nom des coutumes, constitutions, pratiques, doctrines et religions sa prétendue place. Je ne me laisserai plus berner par ces faux catéchistes.

Je ne suis pas de cette dictature, je me dissocie de cette ossature. Cet endoctrinement ne nous a pas été envoyé du ciel, il nous est tombé sur la tête comme un parachute. N'en déplaise à d'autres, elle est prête à en découdre avec cette dictature et tous ses monarchistes.

ELLE EST LIBRE ; LIBRE COMME LE VENT, LIBRE DE SE MOUVOIR, LIBRE DANS SES PENSÉES, LIBRE DANS SON CORPS, LIBRE DANS SON REGARD, LIBRE DANS SES CHOIX, LIBRE D'OPINION, LIBRE DE S'EXPRIMER, LIBRE DE DÉSIGNER, LIBRE DES PRÉJUGÉS... ELLE EST ASSA TRAORÉ, ELLE EST ROSA PARKS, ELLE EST MAYA ANGELOU, ELLE EST JEANNE D'ARC, ELLE EST MARIE CURIE, ELLE EST MA SŒUR, ELLE EST MA COUSINE, ELLE EST MA NIÈCE, ELLE EST MA TANTE, ELLE EST MA FILLE, ELLE EST MA FEMME, ELLE EST MÈRE ET CETTE FEMME C'EST TOI.

LES DROITS DE LA FEMME

Homme, es-tu capable d'être juste ? C'est une femme qui t'en fait la question ; tu ne lui ôteras pas du moins ce droit. Dis-moi ? Qui t'a donné le souverain empire d'opprimer mon sexe ? Ta force ? Tes talents ? Observe le créateur dans sa sagesse ; parcours la nature dans toute sa grandeur, dont tu sembles vouloir te rapprocher, et donne-moi, si tu l'oses, l'exemple de cet empire tyrannique.

Remonte aux animaux, consulte les éléments, étudie les végétaux, jette enfin un coup d'œil sur toutes les modifications de la matière organisée ; et rends-toi à l'évidence quand je t'en offre les moyens ; cherche, fouille et distingue, si tu peux, les sexes dans l'administration de la nature. Partout tu les trouveras confondus, partout ils coopèrent avec un ensemble harmonieux à ce chef-d'œuvre immortel.

L'homme seul s'est fagoté un principe de cette exception. Bizarre, aveugle, boursouflé de sciences et dégénéré, dans ce siècle de lumières et de sagacité, dans l'ignorance la plus crasse, il veut commander en despote sur un sexe qui a reçu toutes les facultés intellectuelles ;

il prétend jouir de la Révolution, et réclamer ses droits à l'égalité, pour ne rien dire de plus[25].

---

[25] Septembre 1791, dans la foulée de la Révolution française, une femme singulière en son temps, Olympe de Gouges, écrivait une longue lettre à la reine Marie-Antoinette, contenant la déclaration des droits de la Femme et de la Citoyenne.

Celui qui trouve une Femme trouve le bonheur[26]

La femme est notre pierre angulaire ; en effet, celui qui trouve une femme, trouve son bonheur. Et cette Femme (Épouses, Filles, Mère, Sœurs, Tantes, Nièces, Cousines, etc.) ne se trouve pas sur Mars, au contraire, elle fait partie de notre quotidien, de notre univers.

L'histoire de l'humanité est jalonnée des figures féminines remarquables des Femmes d'ici et d'ailleurs, de notre temps et de l'autre époque. L'image de la Femme a souvent été associée à la pureté, à l'assurance, à la patience, à l'amour et à la vie.

Héroïne, c'est bel et bien dans ton pouvoir d'assumer nos ruines.

Je suis passé derrière le rideau de velours où tu m'as appris l'invisible.

J'ai pris de ta sagesse cousue de parole d'amour à l'odeur de la fleur d'oranger et j'apprends de ton pardon qui m'a dit d'oublier toutes les hontes.

---

[26] *Bible*, Proverbes 18 :22

« Dites-vous bien que de toutes les tendresses la vôtre est la plus précieuse et que l'on revient dans vos bras aux minutes lourdes. Et que l'on a besoin de vous, comme un petit enfant, souvent. Et que vous êtes un grand réservoir de paix et que votre image rassure... [27] »

« Voilà que tu cherches ton bien, dans les vitrines de ma nuit, achète-moi, je ne vaux rien, puisque l'amour n'a pas de prix[28]. »

---

[27] *Lettres à sa Mère* (1955), Antoine de Saint-Exupéry
[28] Chanson *L'Amour fou*, Léo Ferré

Congo mon beau Pays

Congo, l'unique paradis, la Terre de mes aïeux, ma Terre promise.

À quand ta liberté? À quand ton éclosion? Ô toi l'œuf d'or du plus beau de tous les continents, la belle Afrique. Les nations voudraient ton soleil, la vieille Europe est envieuse de ton sourire, l'Amérique convoite ta beauté et l'Asie languit après ta vigoureuse jeunesse. Mais dans leur misère animée de jalousie, elles veulent faire de toi une terre soumise.

Congo, l'unique paradis, toi le faiseur des rois, tu es le socle du développement de toutes les nations puissantes. Leurs édifices les plus majestueux ont été érigés grâce à tes terres. Et leurs monnaies de sang ont été frappées grâce à tes fers.

Aucune nation ne peut se mesurer à ton intelligence, aucune civilisation ne pourra transcender ta sagesse. Sur tes montagnes coulent du miel, sur tes collines résonnent les chants des anges, car tu es le jardin céleste où Dieu vient contempler sa grandeur. Aujourd'hui encore et immanquablement demain, toutes les nations seront comblées par ta largesse.

Tu es une Terre sacrée ; si l'Afrique est le berceau de l'humanité, Tu es sa maternité.

Terre d'hospitalité, les nations persécutées ont paisiblement trouvé refuge dans ton cœur sans aucune hostilité.

Ta Terre est indivisible, ton peuple est infaillible.

L'Arbre de l'infinie douceur et tes fruits de l'infinie saveur, pour l'amour du Congo, je ne me tairai point. Je t'aime et je t'aimerai toujours, mon Congo, le seul et l'unique véritable Paradis. Ta belle peau noire comme les prémices de la lumière est ton appoint.

À nos grands-parents de qui la barbarie a fait perdre une jambe et un bras,
À nos Femmes et à nos Enfants de qui les génocides ont asséché les os, nous allons ouvrir vos sépulcres, nous vous ferons remonter de vos tombes et vous revivrez. Comme des charmeurs, ils nous jouent de la flûte sur ces massacres commis depuis des décennies. Je vous avertis, notre piqûre sera plus mortelle que celle du cobra.

Des torrents d'eau coulent de mes yeux, à cause de la ruine de la fille de mon peuple. Mon œil fond en larmes, sans repos, Sans relâche[29]. Et Pour l'amour du Congo, je ne me tiendrai pas tranquille, jusqu'à ce que sa justice paraisse comme l'éclat de la lumière, et son salut comme un flambeau qui brule[30].

---

[29]Bible, lamentations 3 : 48-49

[30] Bible, Ésaïe 62 :1

Pour vivre en paix, créons l'Amour !

Dr Denis Mukwege :

Ce qui s'est passé à Kavumu et qui continue aujourd'hui dans de nombreux autres endroits au Congo, tels que les viols et les massacres à Béni et au Kasaï, a été rendu possible par l'absence d'un État de droit, l'effondrement des valeurs traditionnelles et le règne de l'impunité, en particulier pour les personnes au pouvoir.

Le viol, les massacres, la torture, l'insécurité diffuse et le manque flagrant d'éducation, créent une spirale de violence sans précédent.

Le bilan humain de ce chaos pervers et organisé a été des centaines de milliers de femmes violées, plus de 4 millions de personnes déplacées à l'intérieur du pays et la perte de 6 millions de vies humaines. Imaginez, l'équivalent de toute la population du Danemark décimée.

Cependant, malgré leurs efforts, cette tragédie humaine se poursuit sans que tous les responsables ne soient poursuivis. Seule la lutte contre l'impunité peut briser la spirale des violences.

Nous avons tous le pouvoir de changer le cours de l'Histoire lorsque les convictions pour lesquelles nous nous battons sont justes.

La réalité troublante est que l'abondance de nos ressources naturelles – or, coltan, cobalt et autres minerais stratégiques – alimente la guerre, source de la violence extrême et de la pauvreté abjecte au Congo.

Nous aimons les belles voitures, les bijoux et les gadgets. J'ai moi-même un smartphone. Ces objets contiennent des minerais qu'on trouve chez nous. Souvent extraits dans des conditions inhumaines par de jeunes enfants, victimes d'intimidation et de violences sexuelles.

En conduisant votre voiture électrique, en utilisant votre smartphone ou en admirant vos bijoux, réfléchissez un instant au coût humain de la fabrication de ces objets.

En tant que consommateurs, le moins que l'on puisse faire est d'insister pour que ces produits soient fabriqués dans le respect de la dignité humaine.

Fermer les yeux devant ce drame, c'est être complice.

Ce ne sont pas seulement les auteurs de violences qui sont responsables de leurs crimes, mais aussi ceux qui choisissent de détourner le regard.

Mon pays est systématiquement pillé avec la complicité des gens qui prétendent être nos dirigeants. Pillé pour leur pouvoir, leur richesse et leur gloire. Pillé aux dépens de millions d'hommes, de femmes et d'enfants innocents abandonnés dans une misère extrême... tandis que les bénéfices de nos minerais finissent sur les comptes opaques d'une oligarchie prédatrice.

Le peuple congolais est humilié, maltraité et massacré depuis plus de deux décennies au vu et au su de la communauté internationale.

Aujourd'hui, grâce aux nouvelles technologies de l'information et de la communication, plus personne ne peut dire : je ne savais pas.

Les habitants de mon pays ont désespérément besoin de la paix.

Mais :

Comment construire la paix sur des fosses communes ?
Comment construire la paix sans vérité ni réconciliation ?
Comment construire la paix sans justice ni réparation ?

Au moment même où je vous parle, un rapport est en train de moisir dans le tiroir d'un bureau à New York. Il a été rédigé à l'issue d'une enquête professionnelle et rigoureuse sur les crimes de guerre et les violations des droits humains perpétrés au Congo. Cette enquête nomme explicitement des victimes, des lieux, des dates mais élude les auteurs.

Ce Rapport du Projet Mapping, établi par le Haut-Commissariat des Nations unies aux Droits Humains, décrit pas moins de 617 crimes de guerre et crimes contre l'humanité et peut-être même des crimes de génocide.

Qu'attend le monde pour qu'il soit pris en compte ? Il n'y a pas de paix durable sans justice. Or, la justice ne se négocie pas.

Ayons le courage de jeter un regard critique et impartial sur les événements qui sévissent depuis trop longtemps dans la région des Grands Lacs.

Ayons le courage de révéler les noms des auteurs des crimes contre l'humanité pour éviter qu'ils continuent d'endeuiller cette région.

Ayons le courage de reconnaître nos erreurs du passé.

Ayons le courage de dire la vérité et d'effectuer le travail de mémoire.

Chers compatriotes congolais, ayons le courage de prendre notre destin en main. Construisons la paix, construisons l'avenir de notre pays, ensemble construisons un meilleur avenir pour l'Afrique. Personne ne le fera à notre place.

Que le droit soit dit.

Cela permettrait au peuple congolais d'enfin pleurer ses morts, faire son deuil, pardonner ses bourreaux, dépasser sa souffrance et se projeter sereinement dans le futur.

Finalement, après vingt ans d'effusion de sang, de viols et de déplacements massifs de population, le peuple congolais attend désespérément l'application de la responsabilité de protéger les populations civiles lorsque leur gouvernement ne peut ou ne veut pas le faire. Il attend d'explorer le chemin d'une paix durable.

Cette paix passe par le principe d'élections libres, transparentes, crédibles et apaisées.

« Au travail, peuple congolais ! » Bâtissons un État où le gouvernement est au service de sa population. Un État de droit, émergent, capable d'entraîner un développement durable et harmonieux, non seulement en RDC mais dans toute l'Afrique. Bâtissons un État où toutes les actions politiques, économiques et sociales sont centrées sur l'humain et où la dignité des citoyens est restaurée.

Extrait de son discours lors de la remise du Prix Nobel de la Paix en 2018.

Lueur d'espoir

Ton visage si loin de moi, ton image si près de moi.

À chaque fois que je pense à toi, mon cœur est en émoi.

Qui m'a infligé cette douleur injuste comme celle de mon ventre à la fin du mois ?

Je refuse de graver ton nom sur ma peau pour matérialiser notre amour. Tout ce que je veux, c'est que nos cœurs deviennent siamois.

Il m'est souvent arrivé de haïr cet exil car il m'a déraciné. Mais si je me suis détaché de toi c'est pour te regarder mieux, pour t'apprécier mieux. Je pensais avoir trouvé mon paradis ici, mais au fil du temps, il s'est avéré être l'enfer pavé de bonnes intentions.

Comme j'ai enlevé cette poudre de mes yeux, je rebrousse chemin car je ne veux plus tomber dans leurs tentations.

J'ai vu la misère sous la verge de sa fureur, sans ta rigueur, j'aurais commis l'irréparable. Ton sourire dans toutes circonstances est-il ta seule recette ?

Ta foi a escroqué mon désespoir, désormais plus rien ne m'accable car tu m'as appris à prendre la vie avec des pincettes.

Je savais que ce voyage serait long et tumultueux, mais ce n'est pas mon cœur mais plutôt mon ventre qui est parti en exode. Téméraire que je suis, je me rends compte que c'est uniquement auprès de toi qu'il est sous d'heureux auspices.

Si mon regard est figé dans le temps, c'est parce que je n'ai plus aucune saveur sans ton assaisonnement. Il ne m'en faut pas beaucoup pour relever ma vie, juste un peu de tes épices.

Ils ont dépouillé le Congo pour embellir leurs villes mais sa beauté ne réside pas dans ses pierres mais dans son soleil. C'est pour cette raison que leur visage est si souvent pâle et leur ciel est gris.

Notre histoire (Congo) doit être reconstituée comme une scène de crime, je ne le dis pas pour que mes écrits riment, je suis sincère, je ne suis pas aigri.

Maman, dans notre beau pays le Congo, quel avenir pour tes petits-enfants si jeunes mais qui souffrent déjà de l'Alzheimer ?

L'oubli est la goutte d'eau qui a asséché la mémoire de nos infinies éternelles et précieuses Mères.

Les jours comme les nuits que la lumière de nos Mères déborde,

Qu'il vente ou qu'il pleuve, sur leur visage, plus aucune larme mais seule leur joie nous aborde.

Maman, tu faisais régime pour que je mange à ma faim et si tu as des courbes c'est pour que cette terre ne soit plus plate,

Aujourd'hui, je vois combien tes sacrifices sont innombrables. Pour les quantifier, je dois faire le tour du monde en les mesurant avec une latte.

La reconnaissance que je te dois, je la porte tous les jours dans mon cœur et dans mes pensées comme un lourd fardeau,

Mais ce poids que je porte n'est rien comparé à mon enfance capricieuse passée sur ton dos.

Amour de ma mère, à nul autre pareil. Elle perdait tout jugement quand il s'agissait de son fils. Elle acceptait tout de moi, possédée du génie divin qui divinise l'aimé, le pauvre aimé si peu divin[31].

---

[31] Albert Cohen, *Livre de mon père*

Plante vivace

Maman, je sais que tu te fais beaucoup de soucis, mais j'aimerais te rappeler que je suis une plante vivace.

Les vivaces, elles, prennent leur temps. Leur vie sera plus longue, elles devront affronter la rudesse des saisons, de l'hiver en particulier, et donneront naissance à de nombreuses générations de nouvelles plantes. La plante va donc s'assurer que toutes ses graines ne germent pas en même temps, la même année. Certains printemps seront plus cléments que d'autres, et tout miser sur le printemps qui arrive ne serait pas optimal pour la survie de l'espèce. Ceci assurera aussi une meilleure propagation géographique de l'espèce loin de la plante Mère.

Les vivaces vont donc introduire dans leurs graines des substances qui vont ralentir leur germination. Certaines substances auront besoin d'humidité et de froid soutenu pour être éliminées et permettre à la graine de germer. D'autres graines devront subir de petits dommages à la couche externe de leur graine afin que l'humidité puisse pénétrer et réveiller la graine. Il me faudrait, pour cela, les astuces pour éliminer les substances anti-germination plus vite, et assurer une germination optimale.

Depuis ma chambre rongée de solitude, habitée par un essaim de peurs jusqu'à un lieu devenu giron, façonnée de beauté, j'ai parfois encore douté mais ton chant, demeuré semblable, a accompagné mes jours et mes nuits. Aujourd'hui, c'est encore ta voix ma plus belle berceuse

Maman, tu sais que maintenant et à jamais, ton amour et ta foi imprègnent les pavés et s'incrustent entre les fissures de mon cœur où poussent des plantes inconnues.

Cordon ombilical

« On ne mord pas la main qui te nourrit. »

Je suis tellement mélancolique des neuf mois passés dans ton ventre. C'était parmi les plus belles années de ma vie. Il n'y a pas un lieu plus sécurisant que ton ventre. Jaloux que je suis, je t'avais pour moi seul, je jouais, je rigolais, c'était ma première maison, ma première cour de récré, et lorsque je voulais attirer ton attention, je tapais fort dans ton ventre. C'est le premier pays que j'ai connu, un royaume merveilleux où j'étais le seul prince sur le trône. Je n'avais ni faim, ni soif, car tu me fournissais tout ce dont j'avais besoin pour vivre, ton amour, l'oxygène, ta protection et tout était tellement parfait que tu te chargeais intelligemment d'évacuer même mes déchets. On communiquait sans dire un mot, je ressentais ta joie, ta douleur, ta fatigue et ta force. Nous n'avions aucun secret l'un pour l'autre, nous vivions dans une proximité étourdissante et subtile.

Dans ton ventre, mon règne n'était que de courte durée, aujourd'hui je vis dans un autre environnement où je suis si loin de toi. Mais quelle injustice!

Le lien qui nous unissait était tellement fort que je pense peut-être à tort qu'il n'était pas nécessaire de couper ce cordon ombilical.

Si je tiens tellement tant à ton cœur, c'est parce que dans ton sein il m'illuminait et me réchauffait chaleureusement comme le soleil dominical.

Si je te fais cette confidence saugrenue, c'est parce que je voudrais faire un saut de mon gré et mettre mon cœur à nu. Qui voudrait encore retourner dans le ventre de sa Mère pour naître de nouveau? Et pourtant, c'est l'une des conditions pour voir le Royaume des Cieux, même si c'est un peu caricatural ; cette condition est plus profonde et n'en demeure pas moins chirurgicale.

Notre premier lien avec le monde et les éléments extérieurs fut bien entendu le cordon ombilical. C'est le premier organe qui nous est coupé pour marquer la rupture physique de notre ancienne vie vers une nouvelle vie. Pour oublier d'où nous venons, nous pouvons tous falsifier notre visage, notre identité mais le nombril est cette cicatrice de notre passé que nous garderons à vie et c'est bien la preuve de notre origine. Malgré toutes ces choses évidentes, je peine à croire que notre société n'est toujours pas matriarcale.

Dans chaque phrase il y a la vie, et dans chaque mot qui la compose peut se cacher la mort. Au travers de ces quelques lignes, j'ai choisi de donner vie à mes souvenirs d'enfance et d'adolescence passées auprès de ma Mère. La vie rêve de l'éternité, et la haine rêve de la mort. Et dans l'éternité, il n'y a aucune autre forme de vie si ce n'est l'Amour. Que me vaudrait donc cette éternité sans ton amour, Maman? C'est toi ma base, ma fondation et ma règle grammaticale.

Si le chemin qui mène à toi est si long et parsemé d'embûches, c'est parce que j'ai dû faire plusieurs correspondances car cette ligne vers la maison n'est ni directe, ni verticale.

Alors pour ne pas me perdre, pour ne pas rater le dernier train, j'ai laissé toutes mes valises qui étaient uniquement remplies de jougs, de honte, de tristesse et de calamités. Je reviens vers toi les mains vides, comme je suis sorti de ton sein. Tout ce qu'il me faut, ce n'est pas ce que j'ai dans mes poignes mais plutôt ce que j'ai dans mon cœur. Je vais donc devoir oublier toutes ces valises et à ma connaissance, elles ne m'apportent rien de bon qu'une vilaine hernie discale.

Accrocher à mon mur mes diplômes ne produit ni sous ni estime. Ces bouts de papier, j'ai appris à les détester comme mes déclarations fiscales.

Maman, ça fait pratiquement **dix ans** que j'essaie d'atteindre la richesse. Je doute que ce soit le bon numéro que l'école m'a remis à la fin de mon cursus. Lorsque j'appelle, j'entends toujours le même message : « Richesse n'est pas là pour le moment, veuillez rappeler plus tard ». J'ai beau réessayer, je tombe toujours sur son message vocal.

Celui qui a vu le fils a vu le père, j'aimerais tant que cette alchimie soit créée entre Papa et moi. Même si aujourd'hui je combats son côté obscur. À la fin, il finira par me dire « je suis ton père ». Alors à quoi bon se battre ? Je lève le drapeau blanc pour enterrer cette hache de guerre, tout ce que je souhaite, c'est une belle relation amicale.

Quel que soit le chemin que j'ai emprunté, l'essentiel, c'est de continuer d'avancer et de traverser toutes les péripéties comme un brave. Même si j'en bave, ne fais plus attention à mes fautes, car j'écris ma vie en sténographie. Il n'y a rien à comprendre, c'est comme un profane qui essaierait de lire les notes sans aucune notion musicale.

« Il y a des êtres qui justifient le monde, qui aident à vivre par leur seule présence[32]. »

---

[32] Citation d'Albert Camus

"À ma Mère"

Femme noire, femme africaine,
Ô toi ma mère, je pense à toi...
Ô Daman, ô ma Mère,
Toi qui me portas sur le dos,
Toi qui m'allaitas, toi qui gouvernas mes premiers pas,
Toi qui la première m'ouvris les yeux aux prodiges de la
terre,
Je pense à toi...

Ô toi Daman, Ô ma mère,
Toi qui essuyas mes larmes,
Toi qui me réjouissais le cœur,
Toi qui, patiemment, supportais mes caprices,
Comme j'aimerais encore être près de toi,
Être enfant près de toi !

Femme simple, femme de la résignation,
Ô toi ma mère, je pense à toi.
Ô Daman, Daman de la grande famille des forgerons,
Ma pensée toujours se tourne vers toi,
La tienne à chaque pas m'accompagne,
Ô Daman, ma mère,

Comme j'aimerais encore être dans ta chaleur,
Être enfant près de toi...

Femme noire, femme africaine,
Ô toi ma mère,
Merci, merci pour tout ce que tu fis pour moi,
Ton fils si loin, si près de toi.

Femme des champs, femme des rivières
femme du grand fleuve, ô toi, ma mère je
pense à toi[33]*...*

---

[33]Poème de Camara Laye

Couronne de Reine

« Je ferai un domaine où l'amour sera roi, où l'amour sera loi[34]. »

La femme est la créature la plus digne, majestueuse et coriace. Quand je contemple l'étendue de la beauté de ma Mère, la grandeur de son esprit, je suis convaincu qu'il y a une éternité dan son regard et une paix profonde dans son sourire. Le monde peut vivre sans l'apport d'un seul homme, mais l'univers ne peut survivre sans l'amour d'une Femme.

Louange à vous, mères de tous les pays, louange à vous en votre sœur ma mère, en la majesté de ma mère morte. Mères de toute la terre, Nos Dames les mères, je vous salue, vieilles chéries, vous qui nous avez appris à faire les nœuds des lacets de nos souliers, qui nous avez appris à nous moucher, oui, qui nous avez montré qu'il faut souffler dans le mouchoir et y faire feufeu, comme vous nous disiez, vous, mères de tous les pays, vous qui patiemment enfourniez, cuillère après cuillère, la semoule que nous, bébés, faisions tant de chichis pour accepter, vous qui, pour nous encourager à avaler des pruneaux cuits...

---

[34]*Ne me quitte pas*, Jacques Brel

Je vous salue, majestés de nos mères. Je vous salue, mères pleines de grâce, saintes sentinelles, courage et bonté, chaleur et regard d'amour, vous aux yeux qui devinent, vous qui savez tout de suite si les méchants nous ont fait de la peine, vous, seuls humains en qui nous puissions avoir confiance et qui jamais, jamais ne nous trahirez, je vous salue, mères qui pensez à nous sans cesse et jusque dans vos sommeils, mères qui pardonnez toujours et caressez nos fronts de vos mains flétries, mères qui nous attendez, mères qui êtes toujours à la fenêtre pour nous regarder partir, mères qui nous trouvez incomparables et uniques, mères qui ne vous lassez jamais de nous servir et de nous couvrir et de nous border au lit même si nous avons quarante ans, qui ne nous aimez pas moins si nous sommes laids, ratés, avilis, faibles ou lâches, mères qui parfois me faites croire en Dieu[35].

---

[35]Extrait : *Le Livre de ma Mère* (1954), Albert Cohen

Ce récit a été principalement inspiré par deux merveilleux
ouvrages : *Le Livre de ma Mère* (Albert Cohen) et
Une Femme et une ville s'aiment #91
(Jennifer Jane Dobbelaere).